AF253633

L n. 2024 s.

ÉLOGE

DE

M. HORACE VERNET

INSTITUT IMPÉRIAL DE FRANCE.

ÉLOGE

DE M.

HORACE VERNET

PAR M. BEULÉ

SECRÉTAIRE PERPÉTUEL DE L'ACADÉMIE DES BEAUX-ARTS

Prononcé dans la seance publique du 3 octobre 1863.

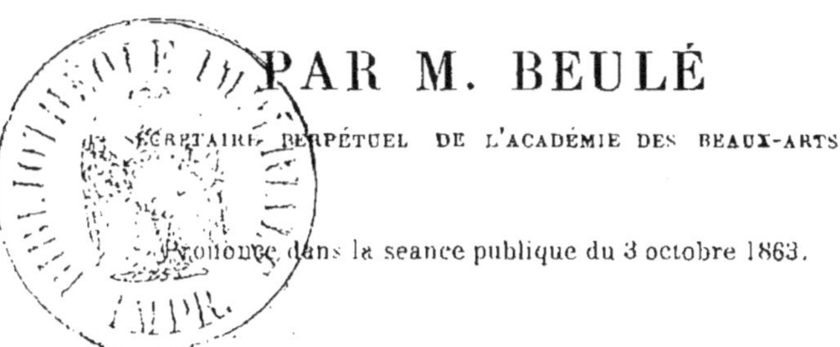

PARIS

A LA LIBRAIRIE ACADÉMIQUE

DIDIER ET Cᵉ, LIBRAIRES-ÉDITEURS

35, QUAI DES GRANDS-AUGUSTINS.

1863

Tous droits reservés.

ÉLOGE

DE

M. HORACE VERNET

MESSIEURS,

Au bord de la Méditerranée, à quelque distance de la ville d'Hyères, dans un site digne de fixer un artiste, s'élève un petit château construit par Horace Vernet. La porte est surmontée d'un écusson où sont gravées les quatre dates suivantes : 1689, l'année où naissait à Avignon le peintre *Antoine* Vernet; 1714, l'année où naissait *Joseph* Vernet, le fils et l'élève d'Antoine, le décorateur de la galerie Borghèse et du palais Rondanini, le peintre de marines qui a immortalisé les ports de la France, l'auteur de tant de riants paysages disséminés dans les musées de l'Europe ; 1758, date de la naissance de *Carle* Vernet, le brillant cavalier, le dessinateur spirituel qui saisissait au vif les chevaux, les chasses, les élégants, nos costumes et nos ridicules, le peintre du *Triomphe de Paul-Émile* et de la *Bataille de Marengo;* 1789, enfin, date de la naissance d'Horace. Simple et beau blason, Messieurs, plus éloquent que bien des armes parlantes ! Noblesse qui avait le droit de se compter par générations, puisqu'elle grandissait au lieu de s'affaiblir, et puisque le talent se transmettait avant la gloire !

Les trois Vernet (car leur aïeul Antoine est peu connu) avaient plus d'un trait de ressemblance : une facilité merveilleuse qui faisait du travail un plaisir, de la fécondité un jeu, de l'art une fête perpétuelle, et qui peignait comme l'oiseau chante ; un caractère heureux, qui paraissait enchaîner la fortune elle-même, et qui remplissait la vie aussi bien que l'atelier de gaieté vaillante ; une originalité native, un besoin d'indépendance qui ne se soumettait à aucune école, un jet spontané de qualités vives et saines qui seront toujours chères à l'esprit français et qui ont rendu le nom de cette famille, non pas seulement illustre, mais populaire. Celui que nous honorons aujourd'hui a surtout possédé ces dons, qui sont un signe de race, et les a manifestés avec éclat : il est à la fois le dernier des Vernet et le plus grand.

Son éducation fut incomplète ; la faiblesse paternelle favorisait les allures d'un esprit amoureux de sa liberté, qui se dérobait à l'étude parce que l'étude était un joug. Admis au collége des Quatre-Nations, il en sortit avant l'âge pour s'adonner aux arts. Il traversa plutôt qu'il ne fréquenta les ateliers de Carle Vernet, de Moreau, son grand-père maternel, de Chalgrin, son oncle, de Vincent, le maître de tant d'artistes distingués. Il concourut en vain pour le prix de Rome, et ne recommença point cette lutte où cependant la victoire se remporte rarement d'un premier effort. Inconstant, mais enivré par l'adresse de ses doigts, il se jouait tour à tour avec le crayon, avec le burin, avec le pinceau, trouvant plus aisé de deviner que d'apprendre, plus doux de produire que de se discipliner ; il saisissait vivement ce qui flattait ses instincts, et dédaignait ce qu'il n'avait point saisi. Il allait ainsi butinant, comme l'abeille légère à qui la nature enseigne à distiller le miel. Son père l'idolâtrait; aveuglé par sa tendresse, il le détournait du travail, de peur que le travail n'altérât sa santé; il aimait mieux l'initier aux plaisirs du monde, lui communiquer sa passion pour les chevaux, pour les armes, pour la chasse. Il fallait une nature décidée, une trempe vigoureuse pour croître au milieu de tant de séductions. Je n'oserais dire que l'originalité d'Horace Vernet soit née de cet abandon et qu'il ait été plus intrépide parce qu'il était plus mal armé. L'originalité, Messieurs, est dans le tempérament, et l'arbre qui s'élève le plus haut n'est pas celui qui répand sa séve en pousses désordonnées, mais celui qui est le mieux conduit. Ce talent sincère sentit un jour ce qui lui manquait, lorsqu'il traita les sujets de l'ordre le plus élevé et surtout les sujets religieux. Pendant son séjour à Rome, en face de chefs-d'œuvre dont il était trop tard pour s'inspirer, il regretta les heures perdues de sa jeunesse; il comprit qu'à cet âge la docilité est une puissance, la tradition une force décuplée, la mémoire un trésor qui doit s'emplir de lignes idéales et de belles formes, plutôt que de refléter la mobilité d'un monde qu'on retrouve tonjours, et que le style enfin, qui ne s'improvise pas mais qu'il faut conquérir, est le sceau de la véritable grandeur.

Avant d'être original, Vernet fut imitateur. Il n'imita, il est vrai, ni Raphaël, ni Michel-Ange ; il imita son père et fit comme lui des chevaux, des gravures de modes, des caricatures. On rencontre, parmi les artistes, deux sortes d'intelligences très-opposées : les unes, pleines de promesses, d'une maturité précoce, donnent tout d'abord leurs plus beaux fruits, puis se fatiguent, dégénèrent et tombent dans la médiocrité pour n'en plus sortir; les autres, frivoles dans le principe ou mal dirigées, paraissent se dissiper en productions folles, mais se raffermissent par l'expérience, s'instruisent par leurs propres fautes, cherchent leur voie, la trouvent et se constituent dans l'art une brillante personnalité. Horace Vernet est de ce nombre : malgré d'humbles débuts, il s'est dressé par son propre ressort et s'est élevé jusqu'à la gloire. Après avoir dessiné des soldats et des cavaliers, il retraça les aventures tragiques ou plaisantes de la vie militaire, et bientôt traita sérieusement des épisodes touchants, des scènes animées; il étendit encore son horizon, assura son talent, représenta de petites batailles, puis de grandes, et finit par couvrir des toiles immenses, si bien qu'il est devenu l'historien de nos victoires et le peintre des armées françaises. Il a été l'expression de son temps, c'est pourquoi les circonstances l'ont si heureusement porté. De cet accord secret entre les instincts de l'artiste et les passions de la foule est née la popularité la plus subite et la plus constante.

Comme toute la jeunesse de l'empire, Vernet avait l'humeur belliqueuse; son éducation, son adresse aux exercices du corps, l'auraient poussé vers la carrière des armes, si son père ne se fût hâté de le marier, avant qu'il eût vingt ans. Ce fut donc par prédilection, et non par complaisance, qu'il choisit des scènes militaires pour sujets de ses premiers essais. L'impératrice Marie-Louise et le roi de Westphalie le protégeaient sans lui rien imposer, car Vernet, Messieurs, eut cela de commun avec plus d'un personnage politique, qu'il fallut la Restauration pour le rendre ardent bonapartiste. Il ne fit pas de peinture officielle, s'enferma dans de petits cadres, n'empruntant à la guerre que des faits isolés ou des détails familiers. C'est ainsi qu'il peignit la *Prise d'une redoute* par quelques grenadiers, le *Bivouac du colonel Moncey*, qui interroge un paysan, un *Polonais couché auprès de son cheval*, le *Chien du régiment*, blessé au champ d'honneur, le *Cheval du trompette*, attaché au cadavre de son maître. Ces tableaux eurent beaucoup de succès dans les expositions ; ils étaient une nouveauté, auprès des œuvres un peu solennelles de l'école de David. Une façon leste d'aborder la nature, la hardiesse d'en présenter les côtés intimes, l'intention rendue vivement, un mélange d'esprit et de sensibilité, ces qualités, déjà nettes et dégagées, charmèrent le public. Les connaisseurs remarquèrent même une telle habileté de main, qu'ils crurent qu'Horace avait eu recours à la science de son père ; bientôt, il est vrai, on ne put méconnaître un talent improvisé, une allure originale qui valait une signature, et, par représailles, lorsque Carle Vernet eut peint la *Bataille de Marengo*, on prétendit qu'il avait été aidé par son fils.

Les événements de 1814 et de 1815 eurent une influence décisive sur les idées d'Horace Vernet : or, chez les natures telles que la sienne, les idées se traduisent aussitôt par des œuvres. Volontaire en 1814, il s'était distingué par son courage et

avait reçu cette belle croix de la Légion d'honneur dont l'empereur était avec raison si avare.
C'était un digne baptême pour un futur peintre
de batailles que d'être décoré, non pas comme
peintre, mais comme soldat. Il ressentit toute la
honte de l'invasion étrangère ; il ne fut pas seulement spectateur, il fut acteur dans ce drame suprême où il ne voulut voir ni l'expiation de con-
quêtes immodérées, ni le retour d'une liberté qui
s'abritait derrière l'ennemi, mais qui ne fut pour
lui que l'agonie de la France, la ruine de notre
grandeur, l'humiliation d'un drapeau qui allait
être répudié. Napoléon devint pour lui le martyr
de Sainte-Hélène et l'incarnation de la patrie vain-
cue ; les débris de la grande armée qu'on exilait
au-dessous de la Loire, il les entoura d'un culte,
comme le firent les habitants des campagnes et les
libéraux des villes. Il contribua, par ses tableaux
pathétiques, à former cette légende à demi-mer-
veilleuse, où l'imagination avait autant de part
que les regrets, et que chantaient à l'envi les
poëtes, les historiens, les romanciers. Dans les
plus pauvres chaumières, tout en répétant les
refrains de Béranger, on clouait sur la muraille
les lithographies d'après Vernet, arrachées au

colporteur. Les *Adieux de Fontainebleau, Napoléon le soir de Waterloo*, le *Rocher de Sainte-Hélène*, le *Soldat laboureur*, la *Dernière cartouche*, la *Mort de Poniatowski*, une *Scène d'Auvergne en 1815*, tant d'autres œuvres qui ont ému nos pères, la gravure les répandait aussitôt par milliers ; le peintre devenait ainsi l'interprète du deuil national et son consolateur.

Vernet n'agissait ni par calcul ni par tactique ; il était étranger à ces alliances un peu surprenantes dont les partis donnèrent l'exemple sous la Restauration. Il ne cherchait même pas à suivre l'opinion publique ou à la devancer ; il était sincère, et n'exprimait les passions de ses contemporains que parce qu'il en était possédé lui-même. Indépendant, fougueux, plein d'indignation et de patriotisme, il avait besoin de soulager son âme : le pinceau était pour lui ce que la parole est pour les autres hommes, un moyen de s'épancher. En retraçant nos désastres, son accent était élégiaque plutôt que tragique ; une sensibilité vraie, mais un peu bourgeoise, animait ses tableaux, qu'il ne s'efforçait point de rehausser par des tons héroïques ; ils étaient par là plus accessibles à toutes les intelligences, plus propres à remuer la foule.

La *Défense de la barrière de Clichy*, qu'il composa plus tard, montre avec quelle énergie s'étaient gravées dans sa mémoire les scènes de 1814. Au premier plan, des soldats blessés, trahis, découragés; sur la brèche, des invalides et des enfants, le dernier rempart qui arrête l'ennemi; l'absence de brillants uniformes, un peuple qui se défend seul sous les yeux du maréchal Moncey, une couleur sombre, des visages mornes, la résignation du courage inutile, quelque chose de plus lugubre que la défaite, les malheurs inconnus qui planent dans l'air, l'artiste a tout saisi d'une main sûre. Épris de la réalité, habile à rendre les impressions qu'il avait fortement ressenties, il nous fait voir ce qu'il a vu et ennoblit les faits par la vérité des peintures morales.

La popularité d'Horace Vernet était déjà bien grande : il n'y manquait, pour qu'elle fût immense, qu'un peu de persécution. Il eut la bonne fortune de voir écarter les toiles qu'il présenta au Salon de 1822 : on allégua les cocardes tricolores, qui blessaient les yeux ; on aurait dû alléguer les sujets, qui troublaient tant de cœurs mal affermis dans l'obéissance. Mais on eut tort de provoquer un homme résolu, amoureux de la lutte, bien trempé pour la soutenir., Horace déclara que son exposition se ferait, et elle se fit. A la vérité, Messieurs, ce ne fut pas le gouvernement qui fournit un local aux tableaux refusés ; l'atelier de l'artiste suffit à sa vengeance ; tout bon Français avait juré d'y étouffer. Quels éloges ! quel enthousiasme ! quels transports, commandés surtout par la politique ! Ceux qui n'avaient jamais eu de regard pour la peinture étaient les admirateurs les plus fervents. Quelqu'un de moins clairvoyant se fût laissé enivrer par un tel succès : Vernet en jouit, sans se dissimuler que la vogue est éphémère, que les clameurs des partis ne font point violence à la postérité, et que la gloire se mesure aux œuvres. Il fit preuve d'une force d'esprit singulière et d'un bon sens qui n'appartient qu'aux hommes d'élite. Au lieu de s'abandonner au courant qui l'emportait triomphant, il redoubla d'efforts, de sévérité envers lui-même ; il fut plus difficile dans le choix de ses sujets, plus serré dans son exécution ; il voulut s'élever à la grande peinture et représenter, non plus des épisodes militaires ou des scènes sentimentales, mais de véritables batailles. C'est de 1821 à 1827 que parurent les batailles de *Jemmapes*, de *Montmirail*, de *Hanau*, de *Valmy*, la *Barrière de Clichy*, le *Pont d'Arcole*, en un mot, les toiles graves et consciencieuses qui assurèrent à leur auteur une renommée préférable aux succès d'un jour et qui apprirent à la France charmée que Van der Meulen, le Bourguignon et Gros avaient un successeur.

Cependant Vernet ne relève d'aucun d'eux; il ne ressemble à personne, soit dans l'école française, soit dans les autres écoles; il n'a point de souci des traditions ou des systèmes; il ne vise même pas à l'originalité, et, s'il l'a rencontrée, c'est parce qu'il est resté lui-même. Van der Meulen avait relégué l'armée dans un lointain calculé, afin de peindre au premier plan, dans une proportion héroïque, le roi, les chefs, les courtisans; on pourrait dire qu'il a fait des portraits équestres qui ont pour cadre un combat. Vernet, enfant de 89, ne flatte pas les grands de la terre; pour lui, les héros, ce sont les soldats. Une révolution a brisé devant eux les barrières; ils commandent à leur tour et s'assoient sur les trônes. Les soldats occupent donc le premier plan; ils remplissent le tableau, comme ils couvrent le champ de bataille. Plus de fictions dans la peinture non plus que dans l'his-toire, et l'honneur de la victoire est rapporté à cette armée intelligente, patiente, enflammée, qui n'est pas seulement la force vive du pays, mais qui en est l'expression. Le Bourguignon excelle dans les mêlées furieuses de cavaliers, mais il reproduit souvent les mêmes scènes et n'oublie guère le fameux cheval blanc qui sert d'enseigne à ses tableaux. Vernet, lui aussi, peint bien les chevaux ; il n'était point en vain l'élève de Carle. En effet, sans Carle Vernet, ni son fils, ni Gros, ni Géricault n'auraient peut-être rendu comme ils l'ont fait l'animal généreux que l'homme s'associe pour triompher ou pour mourir. Mais combien Horace Vernet est plus abondant, plus varié que le Bourguignon ! Il caractérise ses batailles de telle sorte que pas une ne se ressemble. Les paysages, le ciel, les accidents de lumière, les heures du jour, le soir, la pluie, tout contribue à renouveler nos sensations et à distinguer nettement chaque sujet. A *Hanau*, la cavalerie est aux prises ; à *Valmy*, l'artillerie ; à *Jemmapes*, la composition est plus riche : on transporte les blessés, les obus éclatent, un moulin brûle, les paysans se sauvent avec leurs meubles ; *Arcole*, c'est le nœud de la bataille, quand le général saisit un drapeau pour franchir le pont jonché de cadavres ; *Montmirail*, c'est la déroute, quand l'ennemi, fuyant devant les lignes serrées de notre infanterie, éclaire de ses derniers coups de fusil la nuit qui enveloppe vainqueurs et vaincus. Certes, Vernet se fût indigné si on l'eût comparé à Gros ; il savait bien qu'il n'avait ni la largeur magistrale, ni les conceptions grandioses de l'auteur d'*Aboukir*, d'*Eylau*, des *Pestiférés de Jaffa*. Mais, après Gros, la place était encore belle, et cette place, Messieurs, Vernet la conquit de 1821 à 1827. L'ensemble d'une bataille et ses détails retracés à la fois sur une toile restreinte, des compositions solides et brillantes, toutes les proportions heureuses, une exactitude qui satisfaisait même les hommes du métier, une clarté qui ne laissait rien de douteux pour les ignorants, un don d'intuition qui devinait la guerre et unissait la stratégie au pittoresque, une impression directe et saisissante pour le spectateur, l'intérêt des épisodes subordonné à l'action générale, partout le mouvement le plus hardi et en même temps le plus juste, partout une précision scientifique qui ne nuisait point à un parfait naturel, partout la passion, le feu, la vie, mais sans que la main de l'artiste perdît jamais son allure aisée et sa touche spirituelle : tels étaient les principaux mérites de ces tableaux qui ouvrirent à leur auteur les portes de l'Académie des beaux-arts, et que plus d'un juge estime encore les meilleurs dans l'œuvre de Vernet.

C'était là une voie excellente, où les facultés de l'artiste se développaient librement, où le progrès semblait sans limites pour une intelligence prompte à tout pénétrer. Il fut arrêté tout à coup, ou plutôt il s'arrêta de lui-même, car un esprit aussi indépendant ne cédait qu'à ses propres suggestions. La faveur royale vint le trouver, elle le désarma, et lui fut par là plus funeste que la disgrâce. Charles X, jaloux, dit-on, de la protection que le duc d'Orléans accordait à Horace Vernet, permit au peintre d'exposer le *Pont d'Arcole* au Salon de 1827 ; il lui donna un plafond du Louvre à décorer ; il lui commanda les batailles de *Bouvines* et de *Fontenoy*, Fontenoy, une de ses compositions les plus belles et les plus charmantes ; il voulut même lui servir de modèle en lui commandant sa *Revue au Champ de Mars*, réunion de portraits équestres, œuvre capitale parmi les portraits de Vernet, où l'agencement savant de personnages, une ressemblance noble, des coursiers magnifiques, une exécution forte, des plans larges et des ombres vigoureuses sont dignes d'un maître.

En outre, Vernet fut nommé, en 1829, sur la présentation de l'Académie, directeur de l'École de Rome.

Ces grâces honoraient le souverain qui les offrait; mais elles liaient le sujet qui les acceptait. Il lui était difficile, désormais, d'exalter les victoires de la République et de l'Empire, puisqu'elles portaient ombrage au gouvernement de la Restauration; raviver des souvenirs qu'on s'efforçait d'apaiser était un acte d'opposition qui pouvait ressembler à un acte d'ingratitude. Vernet cessa de peindre des batailles, et se jeta dans un ordre d'idées nouveau. Avant de quitter Paris, il avait déjà exposé la *Dernière chasse de Louis XVI*, les deux épisodes tirés du poëme de *Mazeppa*, *Édith cherchant le corps d'Harold*, l'*Évasion de Lavalette*; à Rome, il peignit les *Brigands et les Carabiniers*, la *Confession du Brigand*, la *Chasse dans les marais Pontins*, le *Pape porté dans la basilique de Saint-Pierre*, la *Rencontre de Raphaël et de Michel-Ange*. Ces compositions avaient des qualités frappantes; plusieurs furent répandues à l'infini par la gravure, parce qu'elles flattaient le goût du jour; mais elles furent mal accueillies par les critiques, et ne contentèrent point les admirateurs les plus sincères de Vernet. Était-ce là ce qu'on avait le droit d'attendre de lui ? Fallait-il s'être élevé jusqu'à la grande peinture, fallait-il avoir atteint la force de l'âge et du talent, fallait-il vivre dans la ville éternelle, en commerce journalier avec les chefs-d'œuvre de l'antiquité et de la Renaissance, pour aboutir au genre pittoresque ou romantique ? N'eût-il pas mieux valu rester dans l'atelier de la rue des Martyrs, envahi, il est vrai, par les amis et les oisifs, où l'on faisait des armes, où l'on sonnait du cor, où l'on se livrait à tant de charmantes fanfaronnades, mais où l'artiste était libre, où il puisait à pleines mains dans nos fastes militaires, où les huit plus belles années de sa maturité eussent été employées à célébrer la gloire nationale ? Vernet le sentait bien ; il avait les regrets d'une vocation non satisfaite, les aspirations d'un génie qui ne peut se mentir à lui-même. Il l'avouait plus tard, dans son langage familier et expressif : « J'étais à la villa Médicis, » disait-il, « peignant « un costume ou une madone ; mais le moindre « tambour me faisait courir à la fenêtre. » Instinct prophétique, rêves belliqueux que l'avenir ne devait point décevoir ! N'était-ce pas pour lui que l'Afrique allait être conquise ? En France, Messieurs, on ne renonce pas pour longtemps à l'héroïsme et à la victoire.

De même que la paix n'est qu'un intervalle entre deux guerres, de même le séjour de Rome fut pour Vernet un temps de repos, de concentration, de bonheur surtout, quoique le bonheur ait toujours été son compagnon fidèle. Il avait alors toutes les joies domestiques, une fille qui unissait à l'intelligence la plus fine une grâce exquise, un gendre illustre, Paul Delaroche, qui vint bientôt enter sa jeune gloire sur le vieux nom des Vernet, de sorte que le talent de peindre paraissait s'attacher à cette famille comme un privilége immortel. Autour de ces figures d'élite se groupaient des artistes distingués, des savants et des voyageurs appartenant aux diverses contrées de l'Europe, le monde des ambassades; les plus nobles étrangers se disputaient l'honneur d'être admis à la villa Médicis, renommée pour son hospitalité, ses séductions, ses plaisirs, qui étaient principalement des plaisirs de l'esprit. Aussi le passage d'Horace Vernet à Rome a-t-il laissé des traces qui ne sont point effacées : c'était encore une manière de servir son pays.

Lorsque Vernet revint à Paris, il trouva sur le

trône le prince qui l'avait soutenu contre les ministres de Louis XVIII. Le nouveau roi ne craignait pas les souvenirs de la République, qu'il avait servie, ni ceux de l'empire, qu'il a glorifié plus que personne. Vernet pouvait donc reprendre ses sujets favoris, et il peignit aussitôt *Iéna*, *Friedland*, *Wagram*, qui sont moins des batailles que des épisodes, des anecdotes héroïques, servant de prétexte à autant de portraits de Napoléon. Combien est supérieur le tableau du *Siége d'Anvers*, où l'artiste fait sentir la situation morale d'une armée et où la poésie, loin de détruire l'énergie des faits, complète la vérité ! Un pays plat, un horizon triste, le ciel nébuleux du Nord, quelques bombes sillonnant la brume, une tranchée où les chefs délibèrent devant une carte ; à droite, des blessés qui se réchauffent ; à gauche, un feu de bivouac qu'entourent des soldats languissants, résignés, qui soupirent après le danger et ne se réveilleront que le jour de l'assaut : il y a dans ce tableau une gravité, une mélancolie, une couleur qui rendent sensibles la lenteur d'un siége et ses ennuis.

La grande tâche d'Horace Vernet commença en 1836 et finit en 1842. Il acheva en six ans, avec une rapidité qui tient du prodige, la série de peintures que le roi lui avait commandées pour la *Galerie de Constantine*. Parmi les faits qui honorent le règne de Louis-Philippe, il en est deux, Messieurs, que l'histoire n'oubliera pas : c'est, d'une part, la restauration du palais de Versailles, transformé en musée national, véritable panthéon où sont rassemblées toutes les grandes figures de nos annales ; d'autre part, c'est la conquête de l'Algérie, qui n'a pas seulement étendu le territoire français jusqu'au désert du Sahara, mais qui a entretenu chez nous l'esprit militaire, qui a servi d'école à notre armée, qui l'a rendue capable de l'effort gigantesque de Sébastopol et des sublimes témérités de la guerre d'Italie. Le nom d'Horace Vernet est attaché à cette double entreprise ; car il fut le peintre des héros d'Afrique, et ses œuvres occupent au palais de Versailles autant d'espace que celles de Raphaël au Vatican, ou celles de Jules Romain au palais de Mantoue.

Mais, à cette époque, quelle ardeur, quelle verve montre Horace Vernet ! combien sa vie est active, vaillante, multipliée ! La mer plusieurs fois traversée, l'Algérie pénétrée, non sans péril, des voyages qui ressemblaient à des expéditions, les champs de bataille visités, les sites esquissés d'un trait pittoresque, les types arabes saisis au vol, les costumes analysés dans leur moindre détail, les chevaux, d'une race si noble, admirablement observés : que de nouveautés propres à enivrer un artiste! Et cependant ce qui l'enivrait surtout et ce qui lui paraissait le plus nouveau, c'était l'armée d'Afrique, si différente des armées de la République et de l'Empire. Il se réjouissait de vivre dans les camps, c'était le rêve de sa jeunesse; il adorait le soldat, il le dessinait dans mille attitudes ; il recueillait les émotions profondes qui lui ont inspiré ces pages si martiales et si vivantes qui retracent le *Siége de Constantine.* C'est là, Messieurs, qu'il faut contempler dans sa vigueur et dans son éclat le talent de Vernet, soit qu'il montre les Français dans les tranchées de Constantine, massés en colonnes d'attaque, et peigne sur leurs traits le recueillement qui précède l'explosion du danger, une émotion dont ne rougissent point les plus braves, un retour vers le patrie pour laquelle il faut mourir ; soit qu'il les lance audacieusement sur une brèche à pic, hérissée de débris qui roulent sous leurs pieds. Les voilà qui l'escaladent d'un élan invincible ! ils se pressent, ils s'aident, ils

tombent, ils se relèvent ; les mourants se cram-
ponnent aux vivants pour monter encore, et,
quoiqu'ils tournent le dos au spectateur, leurs
profils héroïques l'électrisent et l'entraînent avec
eux. Vernet a saisi le moment de l'action qui paraissait insaisissable : c'est la fougue guerrière,
c'est la furie française dans toute sa splendeur.

Qui n'a remarqué que, dans ces tableaux, les
princes et les généraux occupent strictement la
place que leur assignent les convenances, tandis
que l'intérêt se concentre sur les soldats et sur les
officiers qui combattent dans leurs rangs ? Ce sont
eux qui ont la beauté, l'action, la fureur, les gestes hardis, foudroyants, l'œil dilaté, la narine fré-
missante ; chaque figure est intelligente, chaque
homme est en scène pour son compte. La guerre
d'escarmouches, de surprises journalières que leur
faisaient les Arabes, a développé singulièrement
l'esprit d'initiative parmi les soldats. Chacun
d'eux jouait sa tête à toute heure, et l'isolement le
forçait souvent d'être son propre chef. De là cet
entraînement de nos troupes auquel les généraux
ne résistent plus ; de là les changements que l'élé-
ment individuel a déjà imposés à la tactique militaire. Vernet a deviné cette révolution et traduit

naïvement les faits. Jadis les rois de France avaient leur peintre ordinaire, qui les suivait pour immortaliser leurs exploits : Vernet, Messieurs, a été le peintre ordinaire de l'armée française.

L'assentiment universel aurait dû le maintenir dans cette voie, où les sujets étaient inépuisables comme son talent ; l'Afrique avait encore des champs de bataille inexplorés ; Versailles avait des salles non remplies. Il était dans sa destinée de s'arrêter quand le succès enflait ses voiles. Quelques difficultés avec le roi, difficultés que le caractère de Vernet n'était pas très-propre à aplanir, le firent partir brusquement pour la Russie. On sait par quelles distinctions, par quelles flatteries le retint l'empereur Nicolas, qui se réjouissait surtout d'enlever à Louis-Philippe son peintre et son ami. Ce peintre, heureusement, avait l'âme trop française pour illustrer jamais les victoires des étrangers ; même quand il ne s'agissait que d'enrichir leur musée, sa main languissait, sa verve l'abandonnait. Il a travaillé très-peu à Saint-Pétersbourg ; les seules toiles considérables qu'il y ait peintes, sont le *Carrousel du mois de mai* 1842, la *Prise de Vola*, et il avouait lui-même, avec une franchise qui ressemblait à de la joie, que c'étaient des œuvres médiocres. N'était-ce pas proclamer que son pinceau appartenait à son pays, et que le sol natal avait seul le pouvoir de l'inspirer?

C'est pourquoi, lorsqu'il fut rentré en grâce auprès de Louis-Philippe, lorsque Versailles lui fut rendu, lorsqu'il fut chargé de représenter la *Smala* d'Abd-el-Kader surprise, il attaqua le sujet avec un feu, une jeunesse, qui le poussaient à quelque chose d'immense. Rien ne pouvait suffire à l'avidité qu'il avait de peindre et de réparer le temps perdu dans les vanités de l'exil. Il conçut alors ce tableau, un des plus grands qui aient jamais été exécutés, et il y réunit tous ses souvenirs d'Afrique pour en former un vaste trophée offert à l'orgueil national. Sa manière s'agrandit, les proportions des figures se développent, la bataille est immédiatement sous nos yeux, moins complète, malgré sa dimension, plus émouvante peut-être, car le drame gagne ce que perd la stratégie. Tout est en perspective, à sa place, au point le plus juste et le plus attachant de l'action. La réalité est tellement saisissante qu'on sent autour de soi l'air, le soleil, la poussière, et qu'on se croit mêlé au combat. Ici, un escadron arrive de front, au galop, en chargeant sur les spectateurs, comme s'il allait sortir de la toile ; là,

un capitaine ajusté par un Arabe, l'ajuste en même
temps, et l'illusion est telle qu'on se demande
avec angoisse lequel des deux va tirer le premier.
Plus loin, dans un désordre harmonieux, se suc·
cèdent les épisodes les plus variés de la déroute.
Tous les types algériens sont habilement mis en
scène, le cheik aux draperies majestueuses, le cavalier agile, le marabout aveugle, l'adolescent qui
sait déjà *faire parler la poudre*, le nègre aux formes
grêles, la négresse aux reins cambrés, la femme du
désert au teint hâlé, la femme du harem, fleur plus
délicate, le juif qui sauve ses richesses, le pâtre qui
chasse ses chameaux, l'idiot qui joue avec une pas-
tèque. Et quelle merveilleuse fidélité dans les ac-
cessoires : tentes, palanquins, harnais, armes,
meubles, ustensiles, étoffes, sans oublier le chien
qui hurle et les gazelles qui bondissent effarées au
milieu du camp ! C'est la poésie à force de vérité,
c'est une sorte de volupté pittoresque qui satisfait
et ceux qui ont vu l'Afrique et ceux qui la rêvent,
c'est l'étalage des dépouilles opimes, c'est l'allé-
gresse de la victoire tempérée par l'humanité des
vainqueurs; en un mot, c'est le symbole charmant
de l'Algérie définitivement conquise.

La *Smala* fut achevée en huit mois et exposée

en 1845, avec un *Portrait du frère **Philippe***, dont on admira la bonhomie fine, les tons dorés, la simplicité digne des portraits espagnols. Aussitôt, Vernet repartit pour l'Afrique, où la *Bataille d'Isly* attendait son historien. Dès l'année suivante, cette nouvelle page prenait place à côté de la *Smala,* moins vaste, mais d'une parfaite unité, remarquable par la beauté et la clarté des terrains, laissant le regard tout embrasser, appelant encore l'intérêt sur les derniers plans; car les collines lointaines sont animées par les fuyards aux burnous blancs. Là aussi Vernet a représenté plutôt le triomphe que le combat. Au centre, le général en chef rassemble les trophées, tandis que les médecins et les infirmiers hissent les blessés sur des cacolets : groupe touchant, expiation morale de la victoire, que l'artiste manque rarement d'indiquer, quoique d'une main discrète et délicate; car, s'il veut attendrir sur les suites de la bataille, il n'en montre jamais les horreurs. Vernet n'était point un homme à théories; mais l'instinct qui le guidait était aussi sûr qu'un principe. Jamais il n'aurait représenté ces mêlées furibondes, où l'homme ressemble à une bête féroce et le courage à de l'ivresse, si bien que les spectateurs, dégoûtés de carnage, ne peuvent plus que s'apitoyer sur les vaincus. Il sentait que le peintre de batailles doit autant qu'un autre chercher son idéal, qu'il doit jeter un voile sur les atrocités de la guerre, en choisir les côtés éclatants et généreux ; car ce que l'histoire admire, ce n'est pas le sang répandu à flots, c'est la gloire achetée par le sacrifice et purifiée par l'humanité. Prodiguer sa propre vie, épargner celle de l'ennemi qui fléchit, voilà l'honneur des armées françaises ; Vernet ne s'y est jamais mépris, et son exemple oblige ceux qui aspirent à lui succéder.

La révolution de 1848 fut un coup pour Horace Vernet ; elle déconcerta ses affections, ses habitudes, ses espérances. Il n'avait pas soixante ans, et se comparait volontiers à une lame de fleuret, toujours droite et non rouillée. Cependant les naufrages auxquels il avait assisté pesaient sur son esprit, la vieillesse commençait à lui faire entrevoir ses horizons plus sombres, les détracteurs s'enhardissaient, l'opinion se lassait d'être constante, et, quoiqu'il affectât de dédaigner une injustice dont il fut bientôt vengé, il était de ces natures qui ne peuvent se passer des enivrements de la popularité. Les circonstances s'offraient en-

core favorables, et déjà il cessait de profiter des circonstances. Ainsi le siége de Rome ne lui inspira
qu'un tableau malheureux; ainsi la guerre de Crimée
ne l'eut point pour peintre, parce qu'il y avait re-
noncé, après avoir été témoin de la triste expédi-
tion de la Dobrutscha. Toujours infatigable, tantôt
à Paris, tantôt en Algérie, où il possédait une
terre considérable, tantôt auprès d'Hyères, où il
faisait bâtir, il produisit moins de toiles impor-
tantes dans les dernières années. Les plus remar-
quables furent le *Portrait de l'empereur Napoléon III*, sortant à cheval des Tuileries, et une
Messe au camp de Kabylie, belle composition,
frappante de vérité, au milieu d'un site gran-
diose.

L'exposition universelle de 1855 lui ménageait
un triomphe qui est rarement accordé aux vivants.
Non-seulement l'admiration publique fut recon-
quise et asservie par l'ensemble des œuvres de
Vernet, mais un jury de peintres choisis dans tous
les pays de l'Europe, c'est-à-dire une assemblée de
rivaux, lui décerna la grande médaille d'honneur :
c'était comme un jugement anticipé de la postérité.
Dès lors le monde n'avait plus rien à lui promettre,
la mort plus rien à lui ravir. Il l'attendait de pied

ferme ; quoiqu'elle ait été précédée des douleurs les plus cruelles, d'opérations répétées, d'une agonie de plusieurs mois, il souffrit stoïquement, mourut en soldat, et, lorsque l'Empereur, qui voulait couronner à son tour le consécrateur de nos victoires, lui conféra une dignité suprême de la Légion d'honneur, les insignes furent déposées sur un lit de mort qui valait un champ de bataille.

Telle fut, Messieurs, la vie d'un artiste qui a rempli de son activité plus d'un demi-siècle et dont les œuvres sont innombrables. Peintre de batailles éminent, il a étendu à tous les genres son habileté consommée ; il a même créé un genre nouveau, en transportant l'histoire sainte dans le désert et en revêtant de costumes arabes les figures de l'Ancien Testament, tentative que ne condamnent point ceux qui ont admiré la simplicité toute biblique des Sémites, mais pour laquelle il ne fallait rien moins que le style de Poussin ou la touche céleste de Raphaël. Comme chez lui l'énergie du corps secondait l'ardeur de l'esprit, il a pu allier un travail prodigieux à une existence joyeuse, militante, pleine d'aventures, de voyages, d'expéditions, livré à la faveur des rois, aux exigences de la popularité, à la camaraderie des camps.

Quelque grande que fût sa facilité, elle ne le dispensait point du labeur. Avant d'ouvrir son atelier à la foule, il avait, chaque matin, ses heures de recueillement, d'études solitaires, et, si le modèle le gênait, c'était sa mémoire qu'il consultait. Il s'arrêtait souvent, non pour retoucher, mais pour réfléchir, afin que l'image se formât dans son esprit aussi nette que dans le cristal d'une fontaine qui redevient limpide en cessant d'être agitée. Dès lors ses doigts fins, déliés, sûrs comme un instrument de précision, n'avaient plus qu'à poser sur la toile ce qu'il avait contemplé au dedans de lui-même : peindre, pour Vernet, c'était se souvenir.

Cette façon de retrouver ses modèles par réminiscence excitait sa fécondité, car il avait moissonné en courant, et la moisson était immense. C'était, de plus, une condition d'originalité, puisqu'il était assez riche pour ne procéder que de lui-même et de l'observation de la nature. Homme d'impression, prompt à traduire ce qu'il avait senti, Vernet avait aussi une imagination souple qui reconstruisait les batailles, recomposait les scènes, pénétrait du premier coup dans l'esprit de chaque sujet. Il avait à un degré rare cette faculté qu'on dit la première de l'historien, l'intelligence.

Il comprenait tout et faisait tout comprendre : le caractère des époques et des personnages était accusé vigoureusement, les intentions spirituellement rendues, les actions expliquées. Même dans les chocs d'armées, dans ces mêlées confuses dont les détails échappent à ceux qui sont sur le terrain, Vernet portait l'ordre et la lumière. Il était bon dessinateur, parce qu'il avait présents les contours les plus exacts, les mouvements et les gestes les plus variés ; toutes les formes vivaient, agissaient dans sa mémoire. Il était coloriste, non par la puissance des tons, mais à force de clarté. Il semble qu'il ait eu constamment un rayon de soleil devant les yeux, tant ses tableaux sont d'un jour égal. L'air ambiant circule dans les groupes les plus épais, les ombres sont courtes et transparentes, les plans ne s'ordonnent que par leur valeur, l'habileté de la perspective, la justesse du modelé. Sa couleur n'a rien de saillant, mais c'est par elle que tout ressort ; elle est comme la prose d'un bon écrivain qui ne se sent pas et qui fait tout sentir.

Enfin, Messieurs, Horace Vernet appartient à cette famille d'esprits qui, dans des temps divers, dans les arts comme dans les lettres, représentent plus particulièrement l'esprit français, avec ses dons charmants comme avec ses défauts, mais avec cette saveur saine et pénétrante qui est, pour ainsi dire, le goût du terroir. Il est français par l'originalité et l'improvisation ; français par l'audace, la légèreté, le tact ; français par la clarté et le bon sens ; français par l'allure brillante, belliqueuse, un peu brusque, avec une teinte de sensibilité ; il est français surtout parce que son cœur a battu avec le cœur de la France, parce que son pinceau la consolait dans ses revers et l'exaltait dans ses jours de triomphe. C'est pourquoi sa gloire est entrelacée à notre propre gloire ; après avoir été, pendant sa vie, un peintre si populaire, il reste, après sa mort, *notre peintre national*.

PARIS. — IMPRIMÉ CHEZ BONAVENTURE ET DUCESSOIS.
55, QUAI DES GRANDS AUGUSTINS.

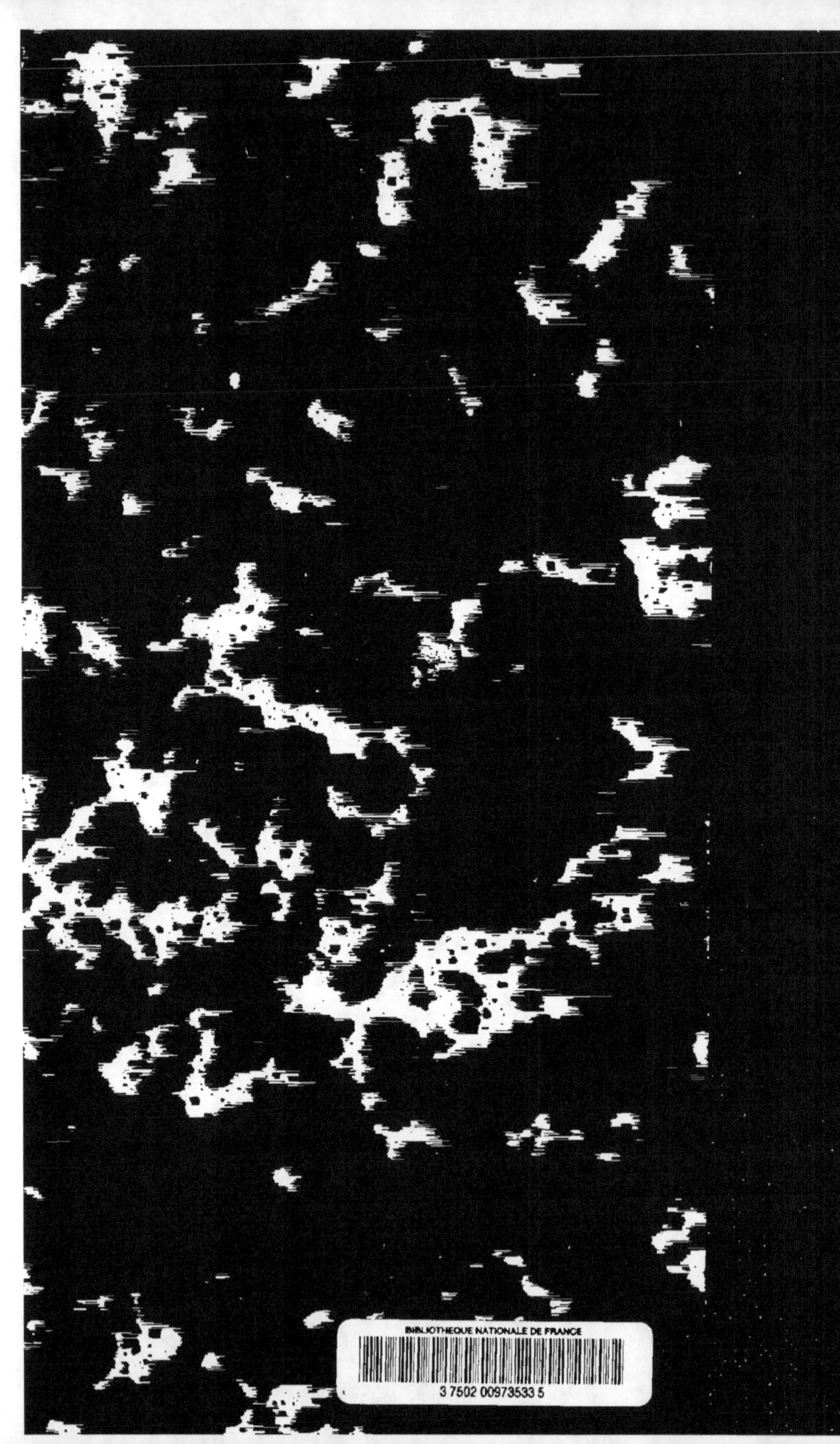

www.ingramcontent.com/pod-product-compliance
Lightning Source LLC
Chambersburg PA
CBHW051321060726
47596CB00004B/1422